Impressum
Verlag: BABADADA GmbH, Nedderfeld 112 , 22529 Hamburg
Geschäftsführer / Verlagsleitung: Harald Hof
Druck: Books on Demand GmbH, In de Tarpen 42, 22848 Norderstedt

Imprint
Publisher: BABADADA GmbH, Nedderfeld 112 , 22529 Hamburg, Germany
Managing Director / Publishing direction: Harald Hof
Print: Books on Demand GmbH, In de Tarpen 42, 22848 Norderstedt

мәктәп

school

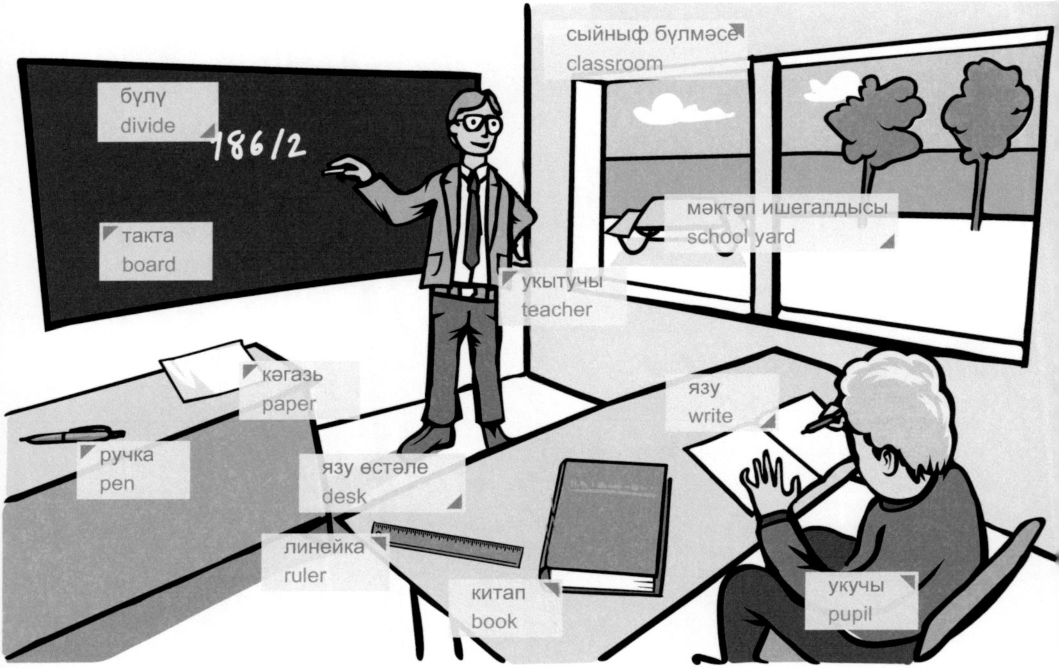

сыйныф бүлмәсе
classroom
бүлү
divide
186/2
такта
board
мәктәп ишегалдысы
school yard
укытучы
teacher
кәгазь
paper
язу
write
ручка
pen
язу өстәле
desk
линейка
ruler
китап
book
укучы
pupil

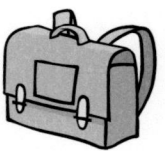

букча

satchel

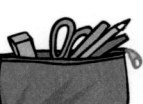

пенал

pencil case

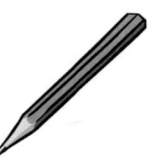

каләм

pencil

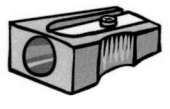

каләм очлагыч

pencil sharpener

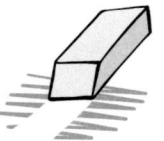

бетергеч

rubber

рәсем ясау өчен альбом

drawing pad

рәсем

drawing

кисточка

paintbrush

буяулар тартмасы

paint box

кайчы

scissors

җилем

glue

дәфтәр

exercise book

өйгә эш

homework

сан

number

2+2

кушу

add

5-2

алу

subtract

2×2

тапкырлау

multiply

исәпләү

calculate

A

хәреф

letter

ABCDEFG
HIJKLMN
OPQRSTU
VWXYZ

алфавит

alphabet

сүз

word

текст

text

уку

read

акбур

chalk

дәрес

lesson

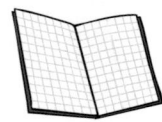

сыйныф журналы

register

имтихан

examination

диплом

certificate

мәктәп формасы

school uniform

мәгариф

education

энциклопедия

encyclopedia

университет

university

микроскоп

microscope

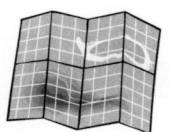

карта

map

кәгазь өчен кәрҗин

waste-paper basket

сәяхәт

travel

кунакханә
hotel
Grand
турбаза
hostel
ROOMS
EXCHANGE
валюта алмаштыру пункты
currency exchange office
чемодан
suitcase
автомобиль
car

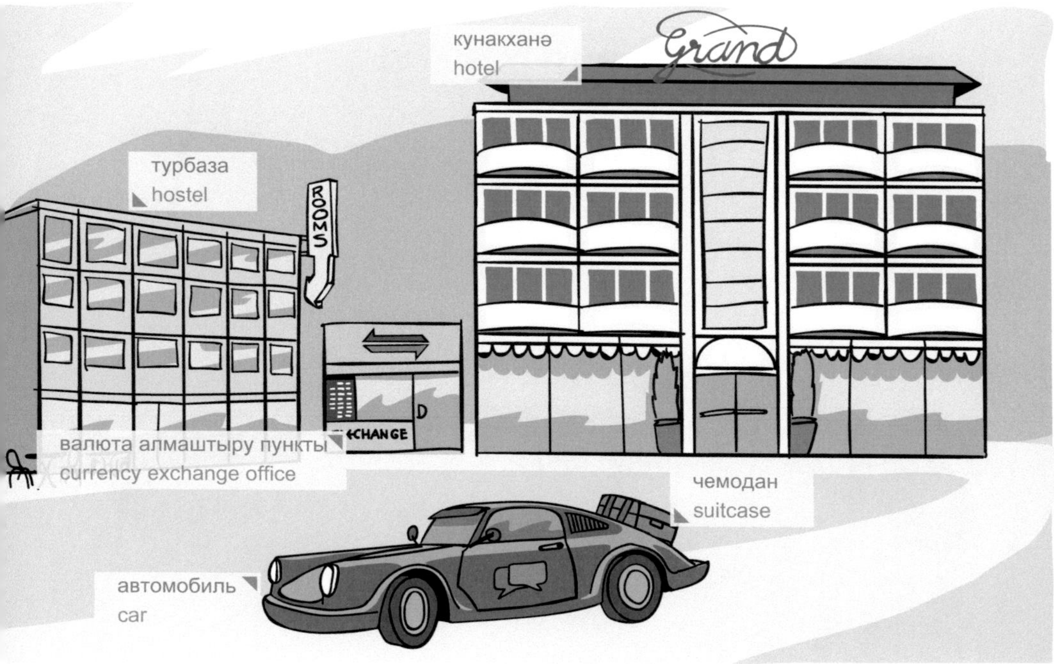

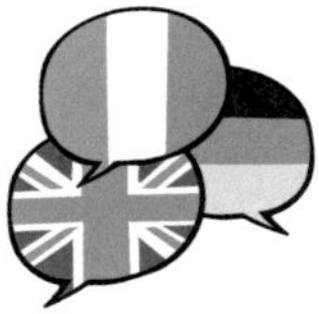

тел

language

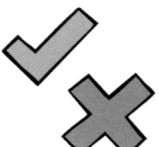

әйе / юк

yes / no

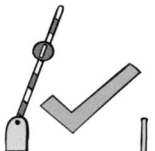

яхшы

Okay

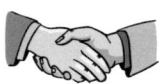

сәлам

hello

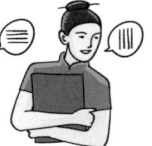

тәрҗемәче

translator

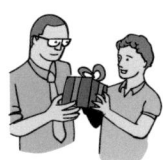

Рәхмәт

Thank you

Күпме тора...?

how much is...?

Мин аңламыйм

I don´t get it

проблема

problem

Хәерле кич!

Good evening!

Хәерле иртә!

Good morning!

Тыныч йокы!

Good night!

хушыгыз

goodbye

юнәлеш

direction

багаж

luggage

букча

bag

рюкзак

backpack

кунак

guest

бүлмә

room

йоклар өчен капчык

sleeping bag

палатка

tent

туристик мәгълүмат

tourist information

пляж

beach

кредит картасы

credit card

иртәнге аш

breakfast

төш

lunch

кичке аш

dinner

билет

Ticket

лифт

elevator

почта маркасы

stamp

чик

border

таможня

customs

илчелек

embassy

виза

visa

паспорт

passport

транспорт

transport

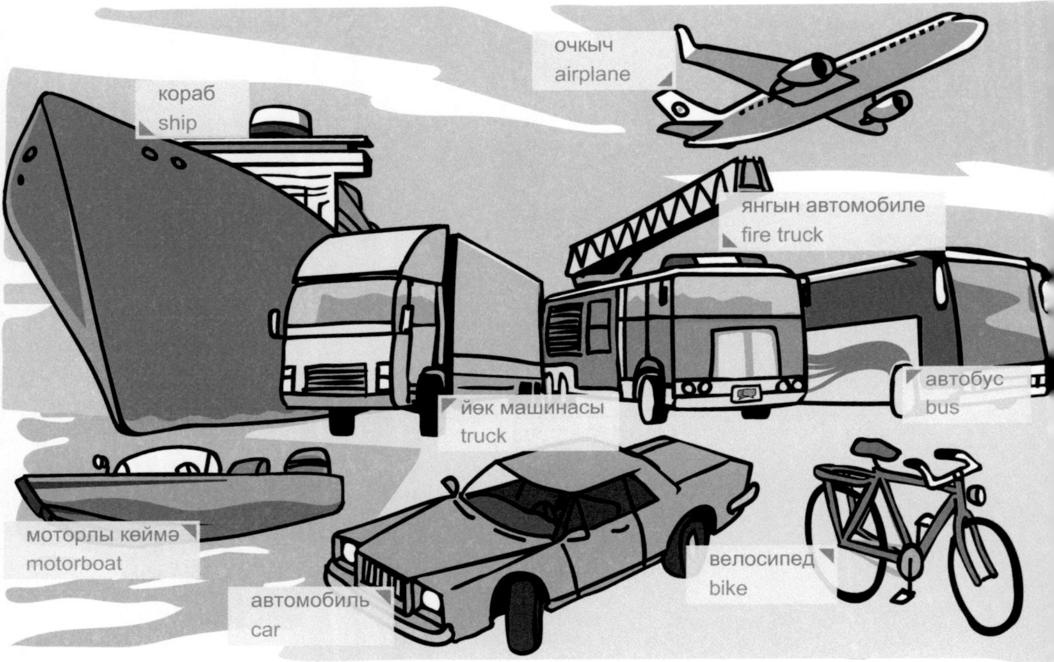
очкыч
airplane
кораб
ship
янгын автомобиле
fire truck
йөк машинасы
truck
автобус
bus
моторлы көймә
motorboat
велосипед
bike
автомобиль
car

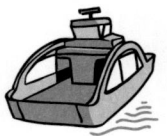

паром

ferry

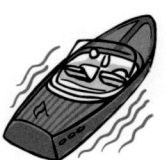

көймә

boat

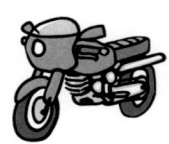

мотоцикл

motorbike

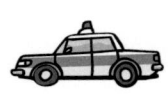

полиция автомобиле

police car

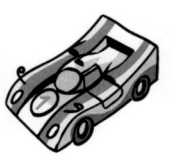

узыш автомобиле

racing car

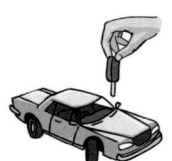

вакытлыча алып торган автомобиль

rental car

Автомобильләр белән
уртак файдалану

car sharing

буксирлау автомобиле

tow truck

чүп ташучы

garbage truck

двигатель

engine

ягулык

fuel

заправка

fuel station

юл билгесе

traffic sign

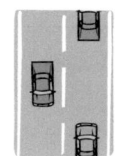

хәрәкәт

traffic

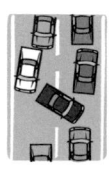

бөке

traffic jam

автомобиль тукталышы

parking lot

вокзал

train station

рельслар

tracks

поезд

train

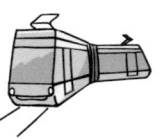

трамвай

tram

вагон

wagon

вертолет

helicopter

аэропорт

airpcrt

каланча

tower

юлчы

passenger

контейнер

container

тартма

carton

арба

cart

кәрзинкә

basket

очу / җиргә төшү

take off / land

шәһәр

city

авыл

village

шәһәр үзәге

city center

йорт

house

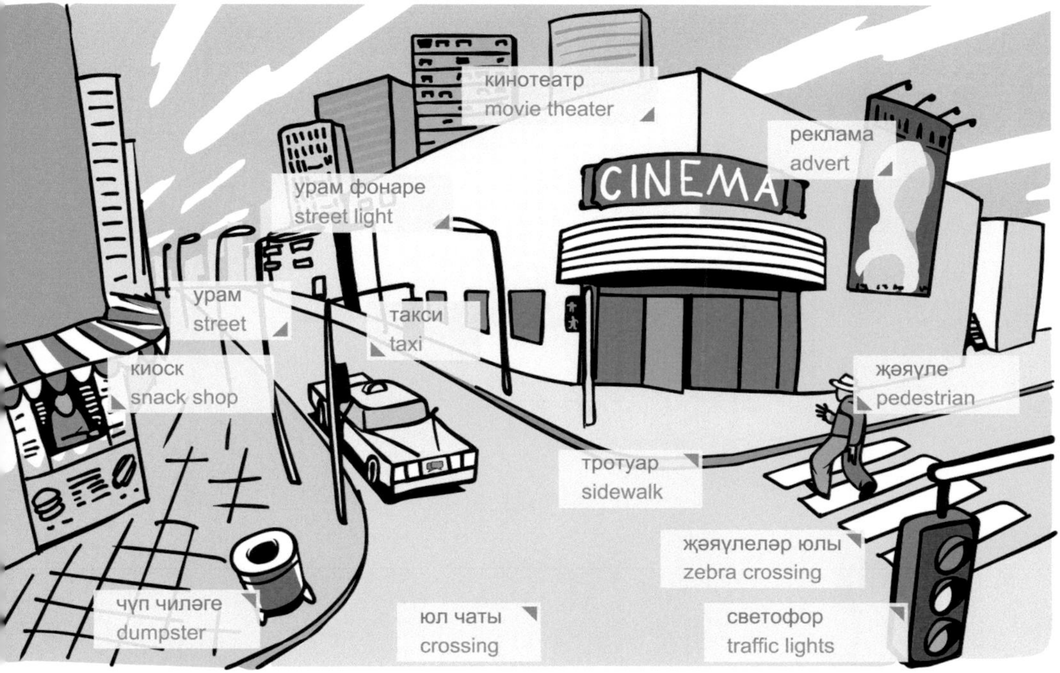

кинотеатр
movie theater

реклама
advert

урам фонаре
street light

CINEMA

урам
street

такси
taxi

жәяүле
pedestrian

киоск
snack shop

тротуар
sidewalk

жәяүлеләр юлы
zebra crossing

чүп чиләге
dumpster

юл чаты
crossing

светофор
traffic lights

алачык

hut

фатир

apartment

вокзал

train station

ратуша

city hall

музей

museum

мәктәп

school

университет

university

банк

bank

хастаханә

hospital

кунакханә

hotel

даруханә

pharmacy

офис

office

китап кибете

book shop

кибет

shop

чәчәк кибете

flower shop

супермаркет

supermarket

базар

market

универмаг

department store

балык кибете

fishmonger's shop

сәүдә үзәге

mall

порт

harbor

парк

park

эскәмия

bench

күпер

bridge

баскыч

stairs

метро

subway

тоннель

tunnel

автобус тукталышы

bus stop

бар

bar

ресторан

restaurant

почта тартмасы

postbox

урам исеме язылган такта

street sign

паркометр

parking meter

зоопарк

zoo

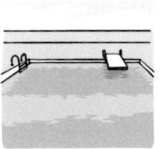

бассейн

swimming pool

мәчет

mosque

ферма

farm

әйләнә-тирә мохитне пычрату

pollution

зират

cemetery

чиркәү

church

балалар мәйданчыгы

playground

гыйбадәтханә

temple

ландшафт
landscape

бит
leaf

юл күрсәткече
signpost

юл
path

болын
meadow

таш
stone

агач
tree

сәяхәтче
hiker

елга
river

үлән
grass

чәчәк
flower

үзән

valley

тау

hill

күл

lake

урман

forest

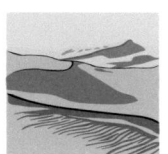

чүл

desert

вулкан

volcano

йозак

castle

салават күпере

rainbow

гөмбә

mushroom

пальма

palm tree

черки

mosquito

чебен

fly

кырмыска

ant

корт

bee

үрмәкүч

spider

ландшафт - landscape

коңгыз

beetle

бака

frog

тиен

squirrel

керпе

hedgehog

куян

hare

ябалак

owl

кош

bird

аккош

swan

кабан дуңгызы

boar

болан

deer

поши

moose

буа

dam

җил генераторы

wind turbine

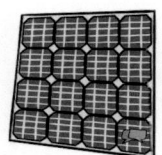

кояш батареясы

solar panel

климат

climate

ресторан
restaurant

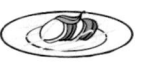

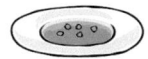

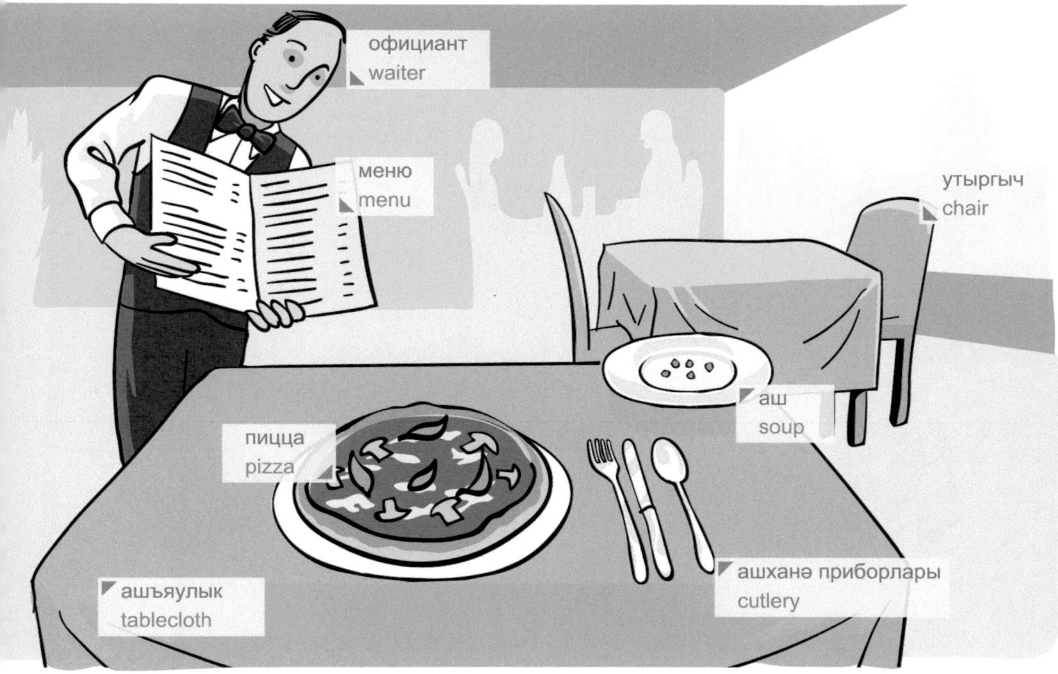
официант
waiter
меню
menu
утыргыч
chair
аш
soup
пицца
pizza
ашъяулык
tablecloth
ашханә приборлары
cutlery

кабымлык

starter

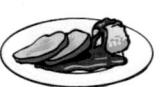

төп ашамлык

main course

десерт

dessert

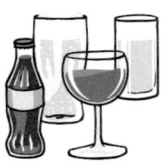

эчемлекләр

drinks

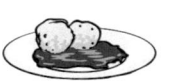

азык

food

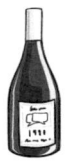

шешә

bottle

фастфуд

fast food

урам ризыгы

street food

чәйнек

teapot

шикәр савыты

sugar bowl

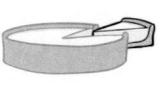

күләм

portion

кофе кайнаткыч

espresso machine

балалар урындыгы

high chair

исәпләү

bill

поднос

tray

пычак

knife

чәнечке

fork

кашык

spoon

чәй кашыгы

teaspoon

салфетка

serviette

стакан

glass

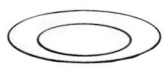

тәлинкә

plate

аш тәлинкәсе

soup plate

чәй тәлинкәсе

saucer

соус

sauce

тоз савыты

salt shaker

борыч ваклагыч

pepper mill

серкә

vinegar

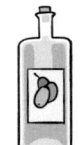

сыек май

oil

тәмләткеч

spices

кетчуп

ketchup

горчица

mustard

майонез

mayonnaise

супермаркет

supermarket

махсус тәкъдим
special offer
FOR
сатып алучы
customer
сөт продуктлары
dairy products
җимешләр
fruit
кибеттәге арба
shopping cart

BUTCHERS

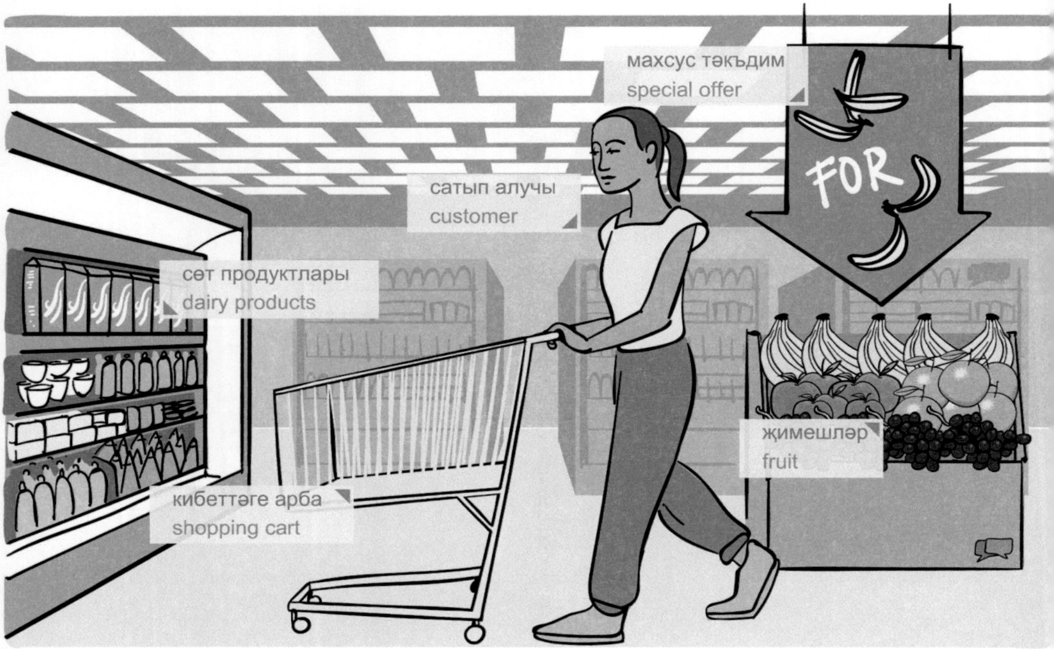

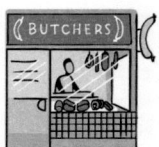

ит кибете

butcher's shop

BAKERY

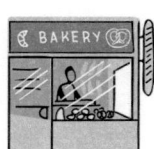

икмәк пешерү йорты

bakery

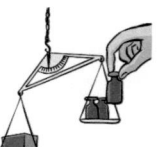

килү

weigh

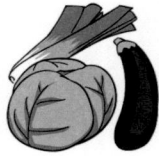

яшелчә

vegetables

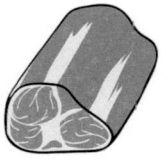

ит

meat

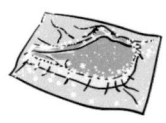

туңдырылган продуктлар

frozen food

кисәкле ит

cold cuts

консервалар

canned food

кер юу порошогы

detergent

тәм-томнар

candy

көнкүреш җиһазлары

household products

юу әйбере

cleaning products

хатын-кыз сатучы

sales representative

касса

cash register

кассир

cashier

сатып алган әйберләрнең
исемлеге

shopping list

эш вакыты

opening hours

бумажник

wallet

кредит картасы

credit card

букча

bag

полиэтилен пакет

plastic bag

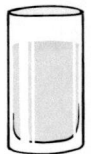

су

water

сок

juice

сөт

milk

кока-кола

coke

шәраб

wine

сыра

beer

хәмер

alcohol

какао

cocoa

чәй

tea

кофе

coffee

эспрессо

espresso

капучино

cappuccino

банан

banana

алма

apple

әфлисун

orange

карбыз

melon

лимон

lemon

кишер

carrot

сарымсак

garlic

бамбук

bamboo

суган

onion

гөмбә

mushroom

чикләвекләр

nuts

токмач

noodles

спагетти

spaghetti

дөге

rice

салат

salad

чипсы

fries

кыздырылган бәрәңге

fried potatoes

пицца

pizza

гамбургер

hamburger

сэндвич

sandwich

котлет

escalope

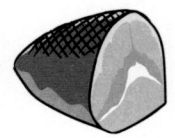

ветчина

ham

салями

salami

сосиска

sausage

тавык

chicken

кыздырма

roast

балык

fish

солы кисәкләре

porridge oats

мюсли

muesli

кукуруз кисәкләре

cornflakes

он

flour

круассан

croissant

булка

bread roll

икмәк

bread

тост

toast

печенье

cookies

май

butter

эремчек

curd

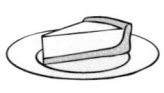

пирог

cake

йомырка

egg

йомырка тәбәсе

fried egg

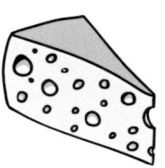

сыр

cheese

туңдырма

ice cream

шикәр

sugar

бал

honey

кайнатма

jelly

шоколадлы паста

nougat cream

карри

curry

ферма

farm

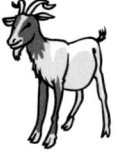

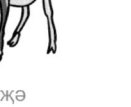

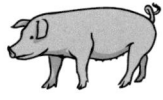

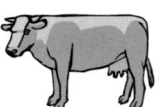

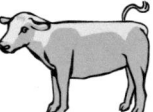

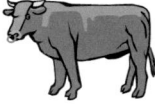

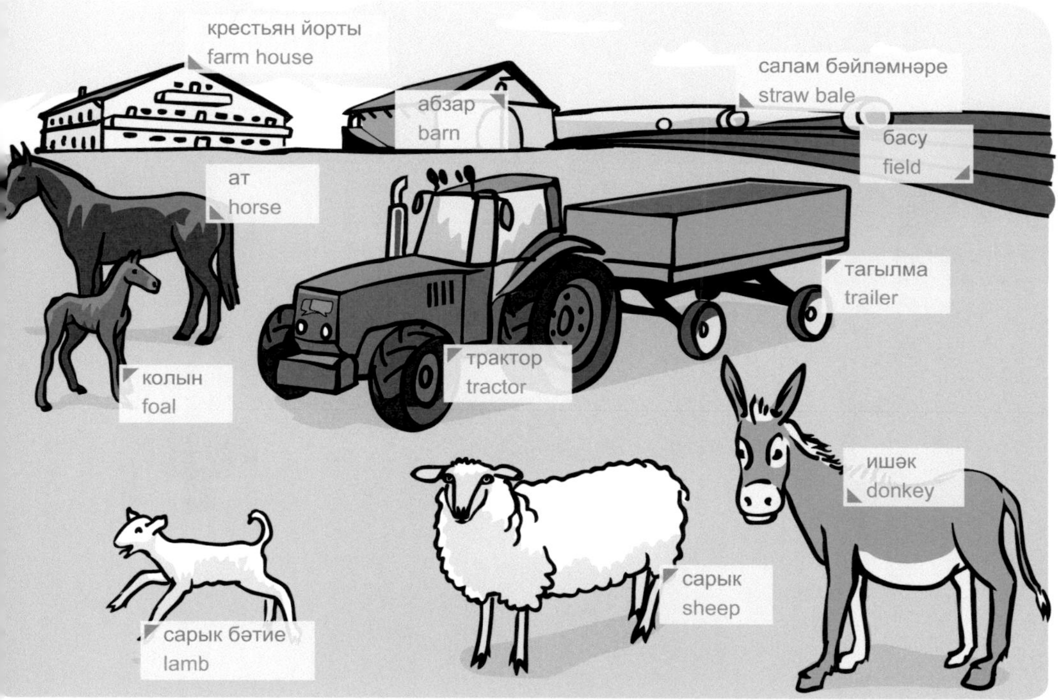
крестьян йорты
farm house
абзар
barn
салам бәйләмнәре
straw bale
басу
field
ат
horse
трактор
tractor
тагылма
trailer
колын
foal
ишәк
donkey
сарык
sheep
сарык бәтие
lamb

кәҗә

goat

сыер

cow

бозау

calf

дуңгыз

pig

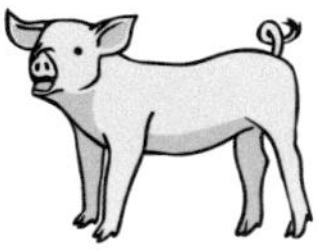

дуңгыз баласы

piglet

үгез

bull

каз

goose

үрдәк

duck

чеби

chick

тавык

hen

әтәч

cockerel

күсе

rat

песи

cat

тычкан

mouse

эш үгезе

ox

эт

dog

эт оясы

dog house

бакча шлангысы

garden hose

сусипкеч

watering can

чалгы

scythe

сабан

plow

ферма - farm

урак

sickle

китмән

hoe

тирес сәнәге

pitchfork

балта

axe

кул арбасы

pushcart

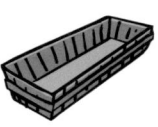

тагарак

trough

сөт өчен бидон

milk can

капчык

sack

койма

fence

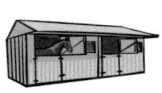

абзар

stable

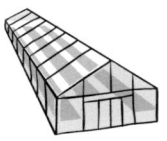

теплица

greenhouse

туфрак

soil

чәчү

seed

ашлама

fertilizer

комбайн

combine harvester

уңыш җыю

harvest

уңыш

harvest

ямса

yams

бодай

wheat

соя

soya

бәрәңге

potato

кукуруз

corn

рапс

rapeseed

җимеш агачы

fruit tree

маниок

manioc

иген

grain

йорт

house

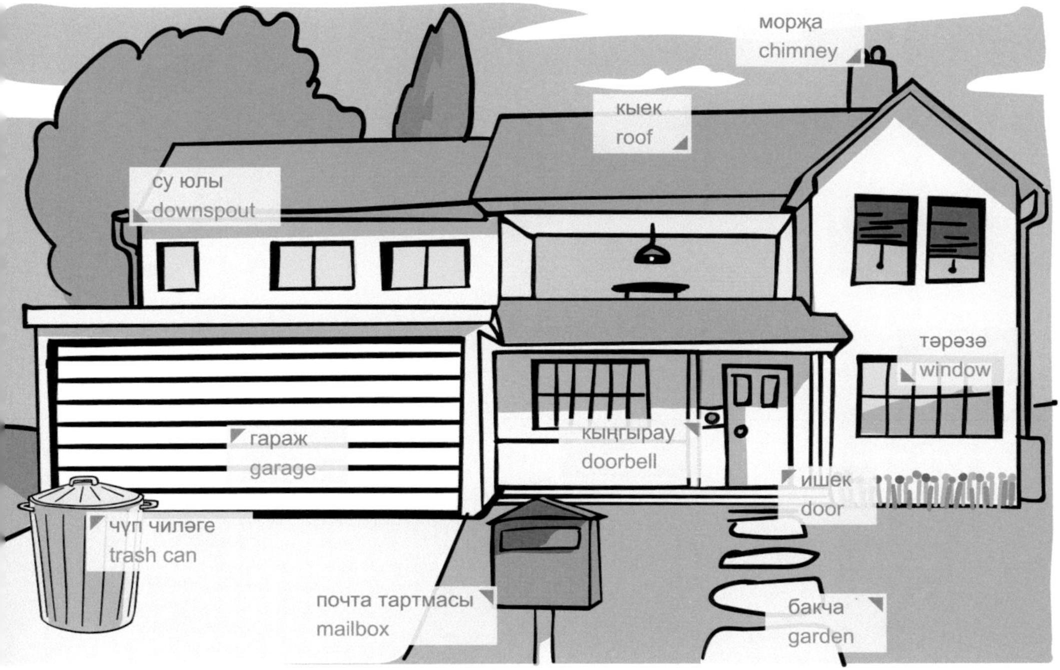
морҗа
chimney
кыек
roof
су юлы
downspout
тәрәзә
window
гараж
garage
кыңгырау
doorbell
ишек
door
чүп чиләге
trash can
почта тартмасы
mailbox
бакча
garden

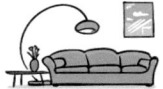

кунак бүлмәсе

living room

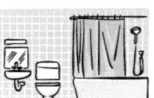

ванна бүлмәсе

bathroom

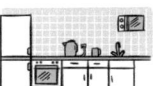

аш бүлмәсе

kitchen

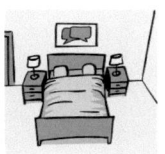

йокы бүлмәсе

bedroom

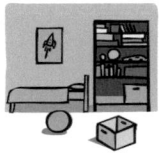

балалар бүлмәсе

kids room

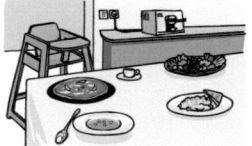

ашханә

dining room

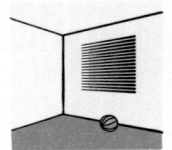

идән

floor

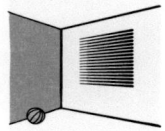

дивар

wall

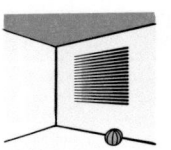

түшәм

ceiling

баз

cellar

сауна

sauna

балкон

balcony

терраса

terrace

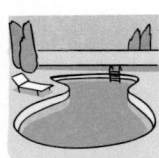

бассейн

pool

газон чапкыч

lawn mower

юрган аслыгы

sheet

япма

bedspread

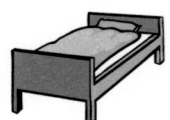

карават

bed

себерке

broom

чиләк

bucket

сүндергеч

switch

кунак бүлмәсе

living room

обойлар
wallpaper
рәсем
picture
лампа
lamp
киштә
shelf
шкаф
cabinet
телевизор
television
камин
fireplace
чәчәк
flower
мендәр
cushion
диван
sofa
ваза
vase
дистанцион идарә итү пульты
remote control

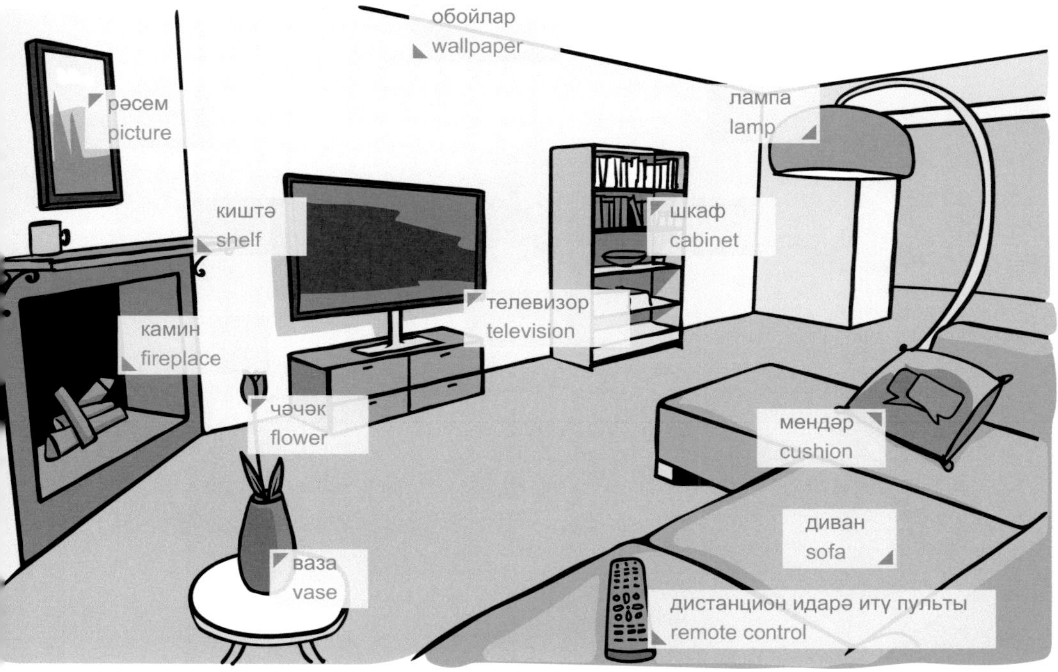

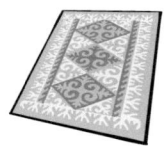

келәм

carpet

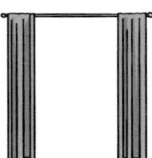

пәрдә

drape

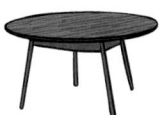

өстәл

table

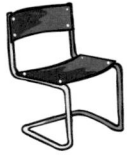

утыргыч

chair

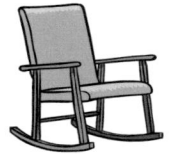

тибрәткеч кәнәфи

rocking chair

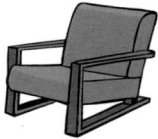

кәнәфи

armchair

китап

book

япма

blanket

бизәк

decoration

утын

firewood

фильм

film

стереосистема

stereo system

ачкыч

key

газета

newspaper

картина

painting

плакат

poster

радио

radio

блокнот

notebook

тузан суыргыч

vacuum cleaner

кактус

cactus

шәм

candle

аш бүлмәсе
kitchen

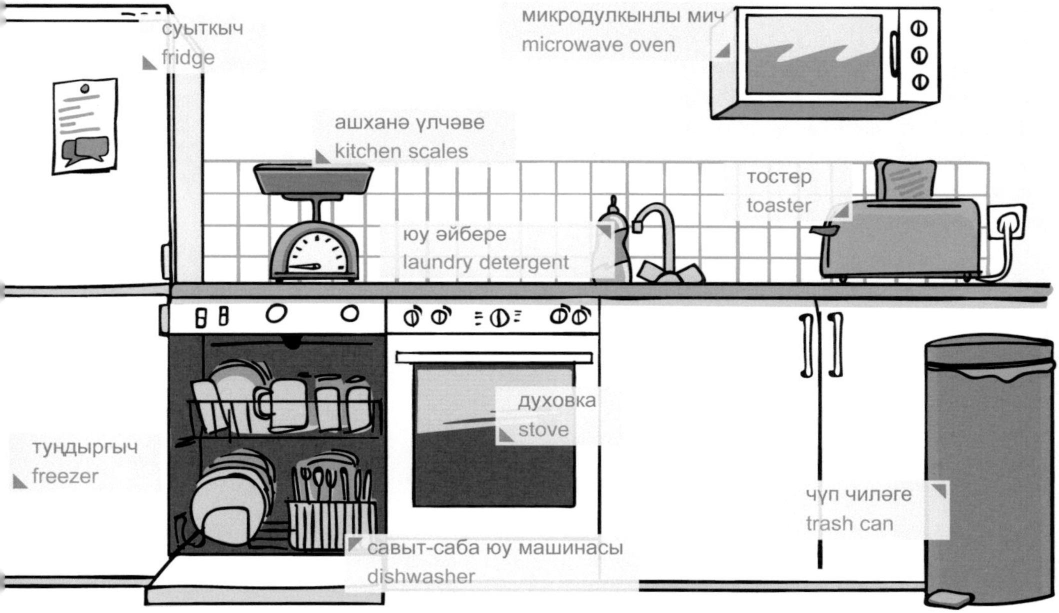
суыткыч
fridge
микродулкынлы мич
microwave oven
ашханә үлчәве
kitchen scales
тостер
toaster
юу әйбере
laundry detergent
духовка
stove
туңдыргыч
freezer
чүп чиләге
trash can
савыт-саба юу машинасы
dishwasher

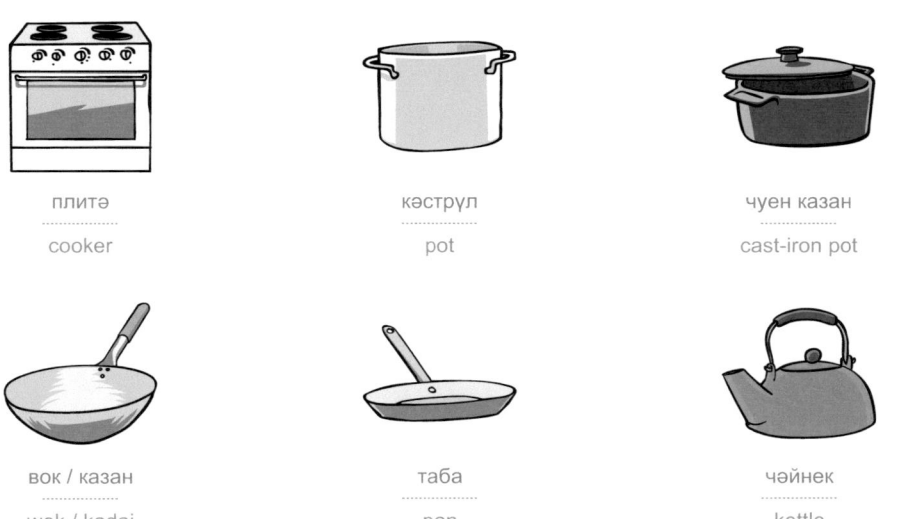

плитә

cooker

кәстрүл

pot

чуен казан

cast-iron pot

вок / казан

wok / kadai

таба

pan

чәйнек

kettle

парда пешергеч

steamer

калай таба

baking tray

савыт-саба

crockery

кружка

mug

җамаяк

bowl

таякчык

chopsticks

аш чүмече

ladle

лопатка

spatula

туглауыч

whisk

иләк

strainer

иләк

sieve

кыргыч

grater

төйгеч

mortar

гриль

barbecue

учак

fireplace

такта

chopping board

уклау

rolling pin

бөке суыргыч

corkscrew

калай банк

can

консерв ачу өчен пычак

can opener

эләктергеч

oven cloth

раковина

sink

щётка

brush

губка

sponge

миксер

blender

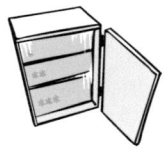

туңдыру камерасы

deep freezer

ашату өчен шешә

baby bottle

кран

tap

ванна бүлмәсе

bathroom

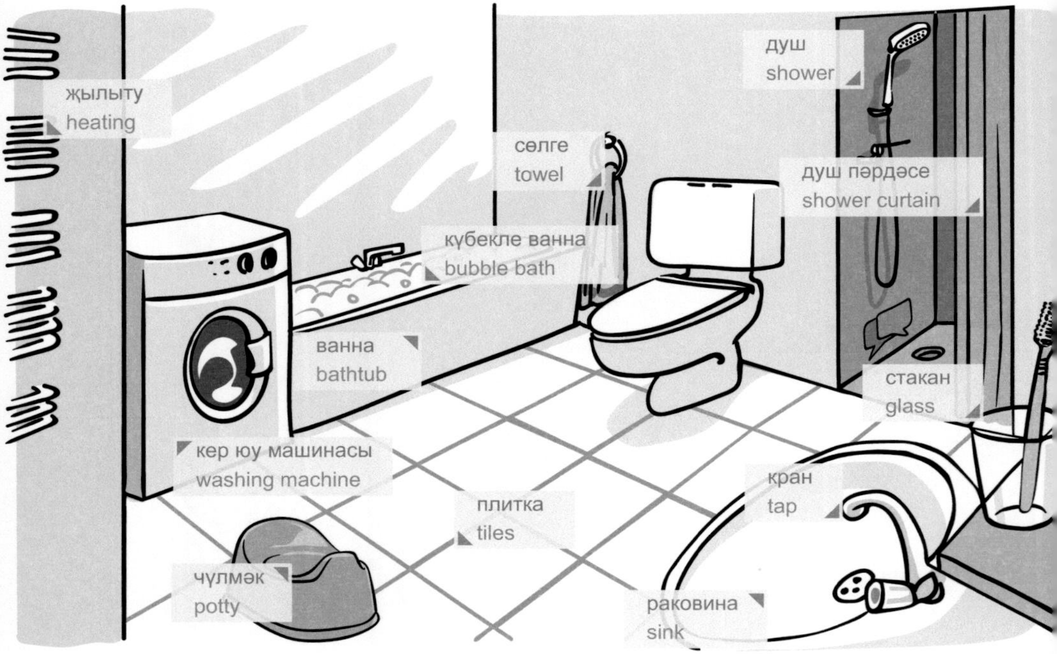

җылыту
heating
душ
shower
сөлге
towel
душ пәрдәсе
shower curtain
күбекле ванна
bubble bath
ванна
bathtub
стакан
glass
кер юу машинасы
washing machine
кран
tap
плитка
tiles
чүлмәк
potty
раковина
sink

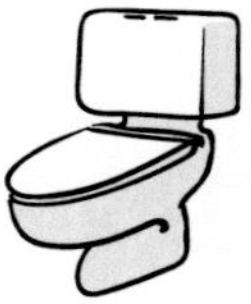

бәдрәф

toilet

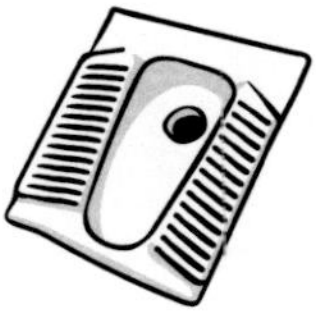

унитаз

squat toilet

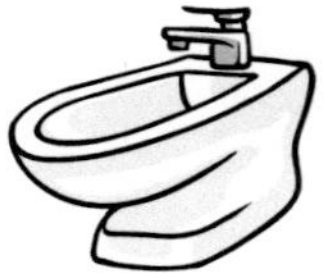

биде

bidet

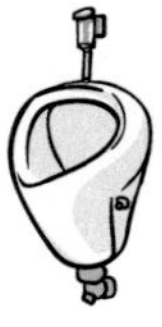

писсуар

urinal

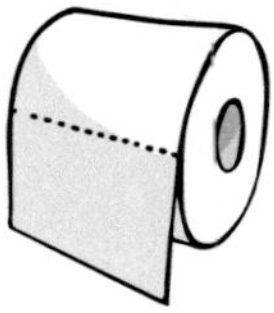

бәдрәф кәгазе

toilet paper

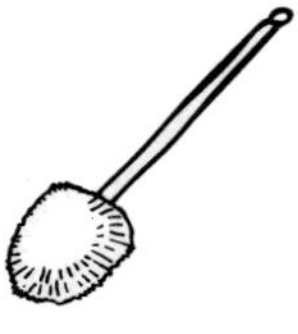

керпе кебек чистарткыч

toilet brush

теш щеткасы

toothbrush

теш пастасы

toothpaste

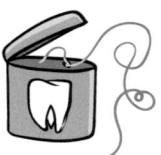

теш җебе

dental floss

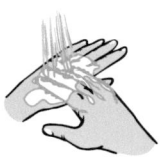

юу

wash

кул душы

hand shower

душ

douche

оча сөяге

basin

аврка өчен щетка

back brush

сабын

soap

душ өчен гель

shower gel

шампунь

shampoo

мунчала

flannel

агым

drain

крем

creme

дезодорант

deodorant

көзге

mirror

кул көзгесе

hand mirror

пәке

razor

кырыну өчен күбек

shaving foam

Кырынаганнан соң
кулланыла торган лосьон

aftershave

тарак

comb

щётка

brush

фен

hair-dryər

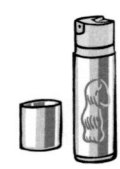

чәчләр лагы

hairspray

косметика

makeup

ирен буявы

lipstick

тырнаклар лагы

nail varnish

мамык

cotton wool

маникюр кайчысы

nail scissors

хушбуй

perfume

косметика савыты

washbag

урындык

stool

үлчәү

weighing scales

халат

bathrobe

резин перчаткалар

rubber gloves

тампон

tampon

гигиена җәймәсе

sanitary towel

биотуалет

chemical toilet

балалар бүлмәсе

kids room

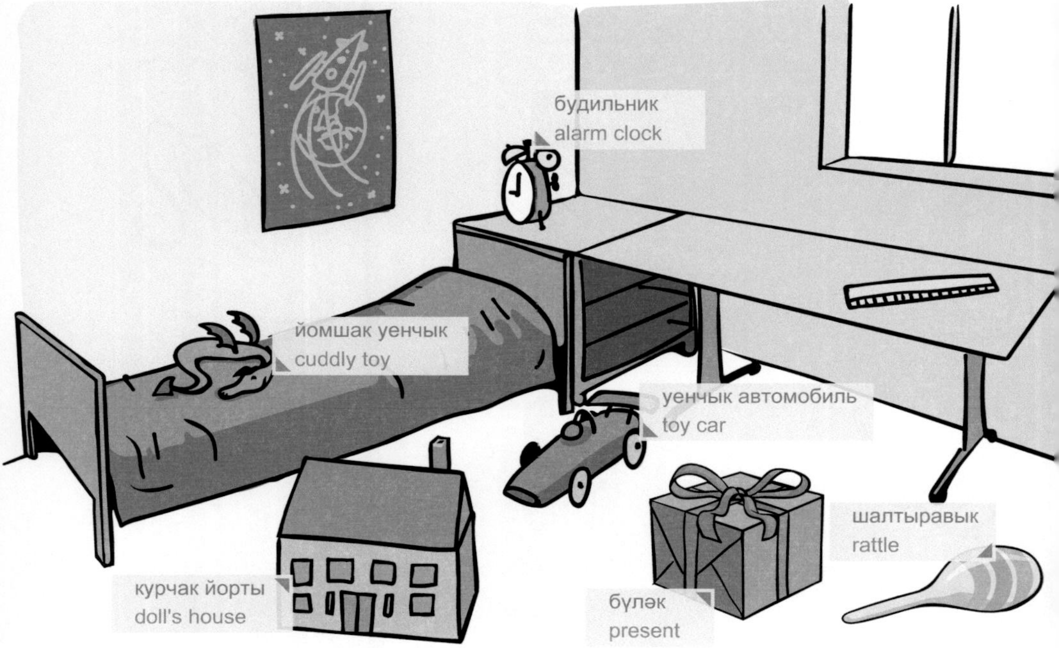
будильник
alarm clock
йомшак уенчык
cuddly toy
уенчык автомобиль
toy car
шалтыравык
rattle
курчак йорты
doll's house
бүләк
present

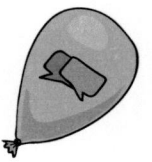

һава шары

balloon

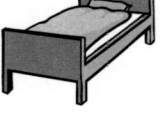

караватт

bed

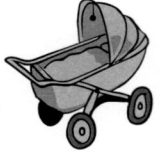

балалар коляскасы

stroller

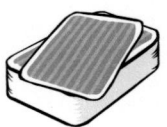

кәрт уены

deck of cards

пазл

jigsaw

SUPER
MEGA

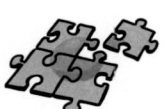

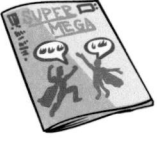

комикс

comic

Лего кирпечекләре

lego bricks

шакмак

toy blocks

уенчык

action figure

ползунки

romper suit

фрисби

frisbee

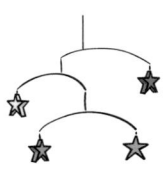

мобиль

mobile

өстәл уены

board game

шакмак

dice

тимер юл моделе

model train set

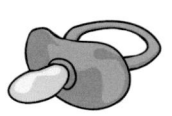

имезлек

pacifier

кичә

party

рәсемнәр белән бизәлгән китап

picture book

туп

ball

курчак

doll

уйнау

play

комлык

sandpit

таган

swing

уенчык

toys

уен приставкасы

video game console

өч көпчәкле велосипед

tricycle

плюш аю

teddy bear

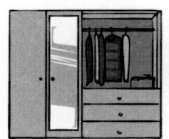

кием-салым шкафы

wardrobe

кием

clothing

оекбаш

socks

оек

stockings

колготки

tights

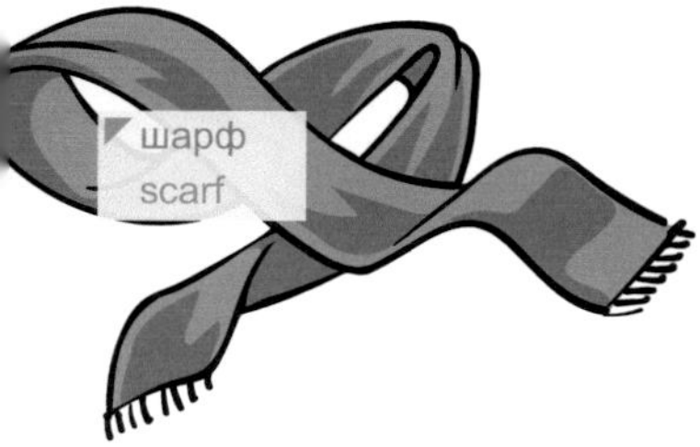

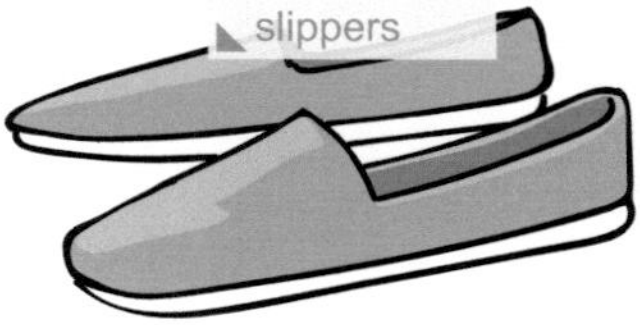

шарф
scarf

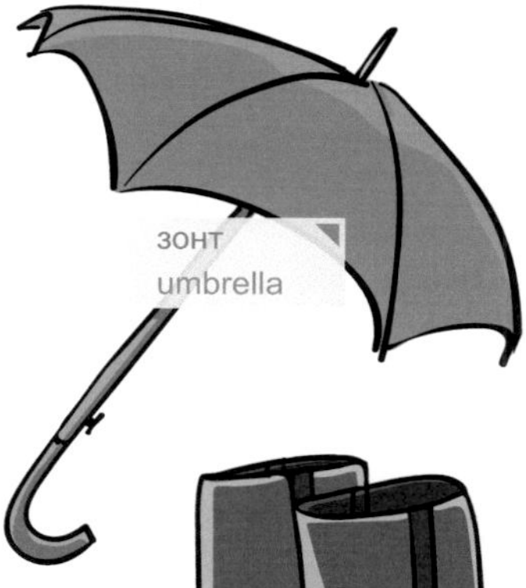

зонт
umbrella

футболка
t-shirt

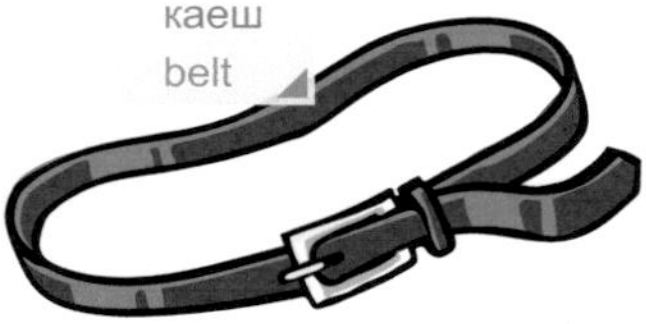

каеш
belt

итек
boots

тапки
slippers

кроссовки
sneakers

сандаллар
sandals

ботинкалар
shoes

резин итекләр
rubber boots

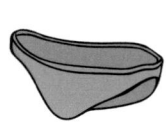

трусик
underwear

бюстгальтер
bra

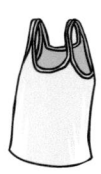

майка
undershirt

боди

body

чалбар

pants

джинсы

jeans

итәк

skirt

блузка

blouse

күлмәк

shirt

свитер

pullover

свитер

sweater

спорт куртқасы

blazer

жакет

jacket

пәлтә

coat

плащ

raincoat

костюм

costume

күлмәк

dress

туй күлмәге

wedding dress

ирләр костюмы

suit

төнге эчке күлмәк

nightgown

пижама

pajamas

сари

sari

яулык

headscarf

чалма

turban

пәрәнҗә

burka

кафтан

kaftan

абайя

abaya

коену костюмы

swimsuit

плавки

trunks

шорт

shorts

спорт костюмы

tracksuit

алъяпкыч

apron

перчаткалар

gloves

төймә

button

күзлек

glasses

беләзек

bracelet

чылбыр

necklace

балдак

ring

алка

earring

бүрек

cap

элгеч

coat hanger

эшләпә

hat

галстук

tie

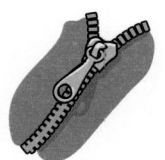

молния каптырмасы

zip

каска

helmet

подтяжка

braces

мәктәп формасы

school uniform

форма

uniform

балалар күкрәкчәсе

bib

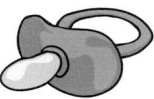

имезлек

pacifier

подгузник

diaper

офис
office

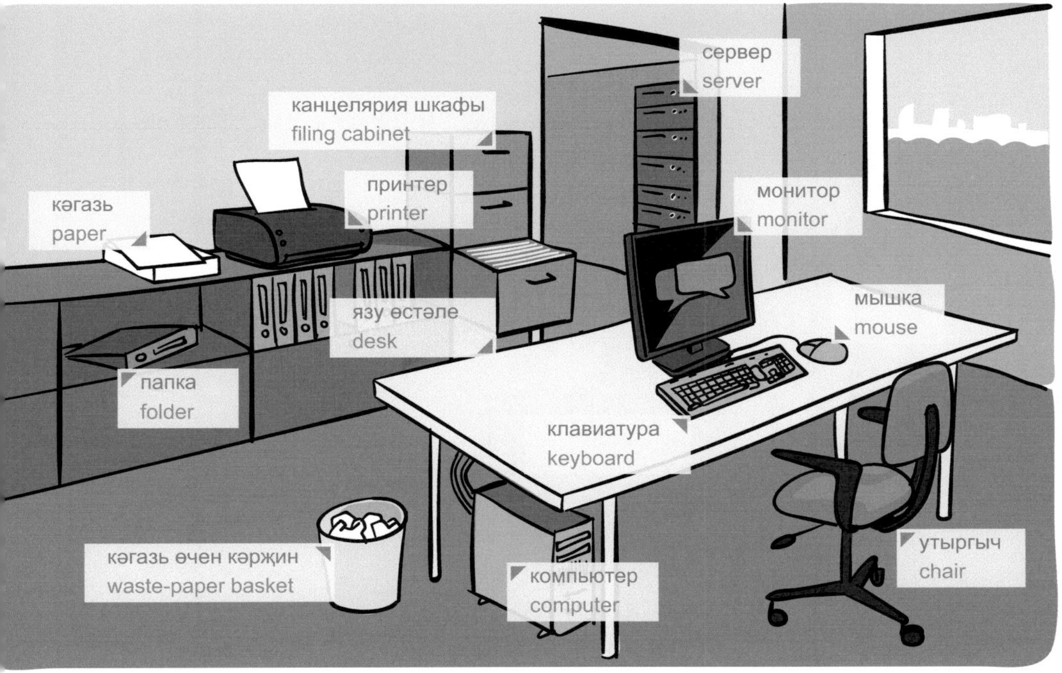

канцелярия шкафы
filing cabinet

сервер
server

принтер
printer

монитор
monitor

кәгазь
paper

язу өстәле
desk

мышка
mouse

папка
folder

клавиатура
keyboard

утыргыч
chair

кәгазь өчен кәрҗин
waste-paper basket

компьютер
computer

кофе кружкасы

coffee mug

калькулятор

calculator

интернет

internet

ноутбук

laptop

хат

letter

хәбәр

message

кесә телефоны

cell phone

челтәр

network

ксерокс

photocopier

программа

software

телефон

telephone

розетка

plug socket

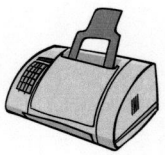

факс

fax machine

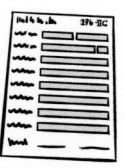

формуляр

form

документ

document

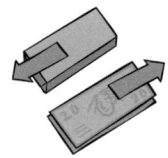

сатып алу

buy

түләү

pay

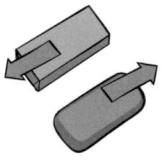

сәүдә

trade

акча

money

 **USD**

доллар

dollar

 **EUR**

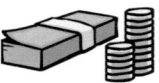

евро

euro

 **JPY**

иена

yen

 **RUB**

сум

rouble

 **CHF**

франк

Swiss franc

 **CNY**

жэньминьби юань

renminbi yuan

 **INR**

рупия

rupee

банкомат

cash point

валюта алмаштыру
пункты
currency exchange office

алтын

gold

көмеш

silver

җир мае

oil

энергия

energy

бәя

price

килешү

contract

салым

tax

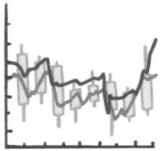

акция

stock

эш

work

эшче

employee

эш бирүче

employer

фабрика

factory

кибет

shop

икътисад - economy

профессияләр

occupations

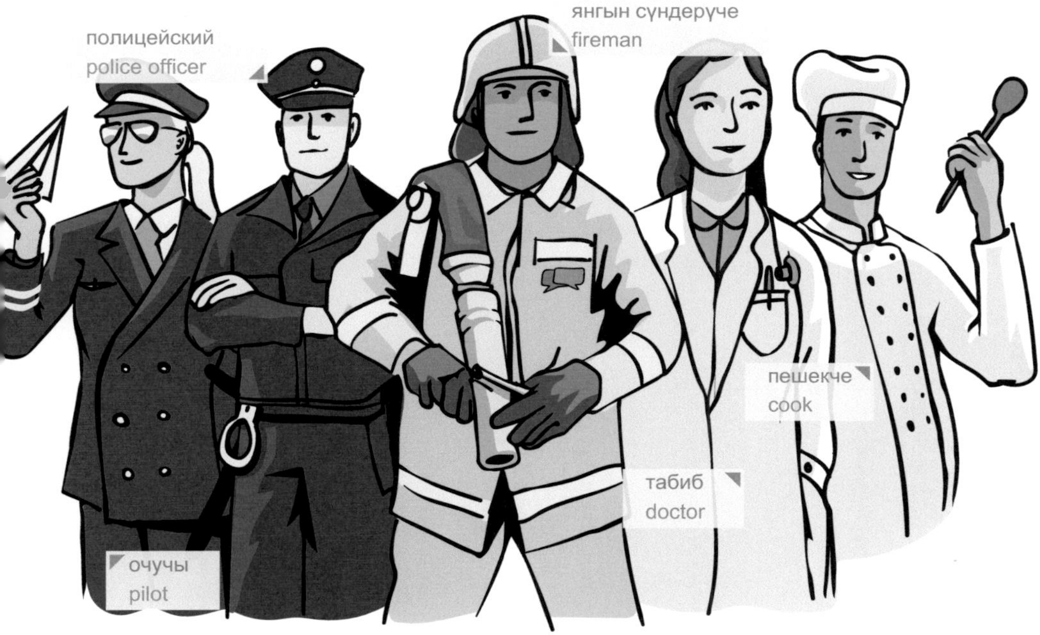

полицейский
police officer
янгын сүндерүче
fireman
пешекче
cook
табиб
doctor
очучы
pilot

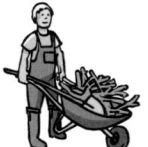

бакчачы

gardener

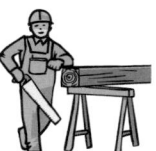

агач остасы

carpenter

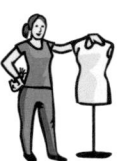

тегүче

seamstress

хаким

judge

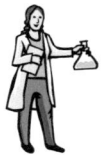

химик

chemist

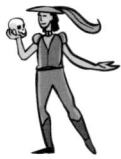

актер

actor

автобус йөртүче

bus driver

таксист

taxi driver

балыкчы

fisherman

җыештыручы хатын

cleaning lady

түбә ябучы

roofer

официант

waiter

аучы

hunter

рәссам

painter

пешекче

baker

электрик

electrician

төзүче

builder

инженер

engineer

итче

butcher

сантехник

plumber

хат ташучы

postman

солдат

soldier

архитектор

architect

кассир

cashier

чәчәкче

florist

парикмахер

hairdresser

кондуктор

conductor

механик

mechanic

капитан

captain

теш табибы

dentist

галим

scientist

раввин

rabbi

имам

imam

монах

monk

рухани

pastor

профессияләр - occupations

кораллар

tools

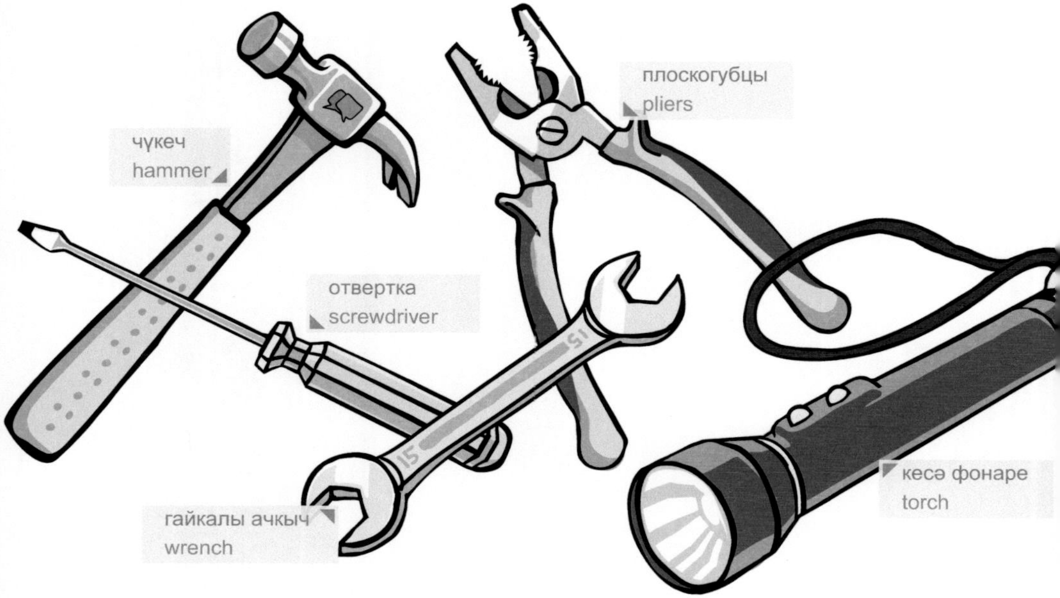

чүкеч
hammer
плоскогубцы
pliers
отвертка
screwdriver
гайкалы ачкыч
wrench
кесә фонаре
torch

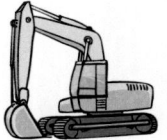

экскаватор

excavator

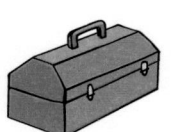

инструментлар өчен тартма

toolbox

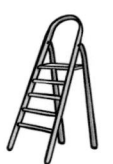

баскыч

ladder

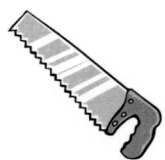

пычкы

saw

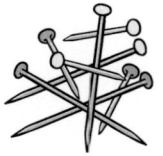

кадаклар

nails

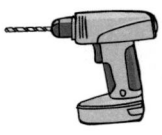

дрель

drill

төзәтү

repair

көрәк

shovel

Шайтан алгыры!

Damn!

соскы

dustpan

савытлы буяу

paint can

винтлар

screws

музыкаль инструментлар
musical instruments

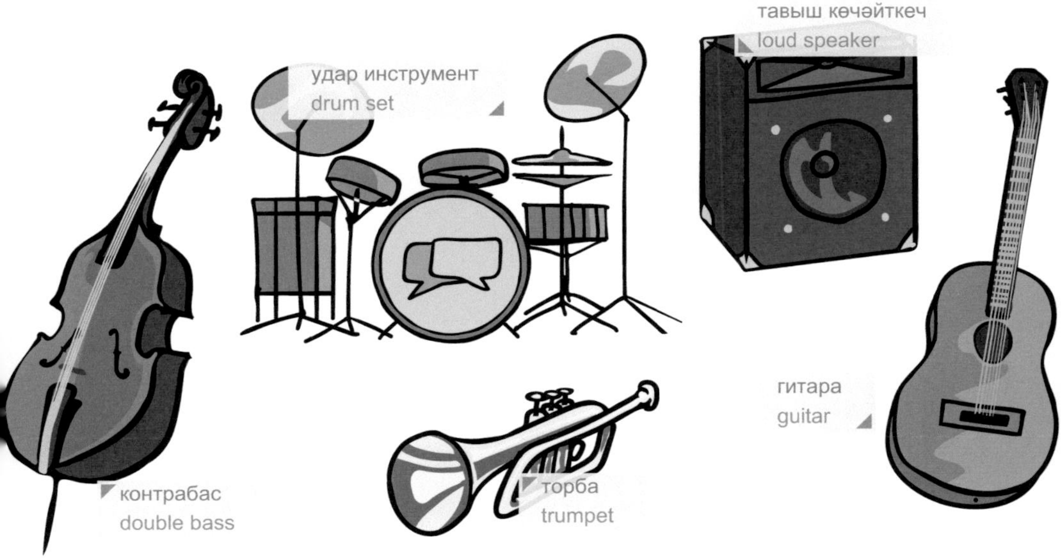

тавыш көчәйткеч
loud speaker

удар инструмент
drum set

гитара
guitar

контрабас
double bass

торба
trumpet

пианино

piano

скрипка

violin

бас-гитара

bass

литавра

timpani

барабан

drums

синтезатор

keyboard

саксофон

saxophone

флейта

flute

микрофон

microphone

зоопарк

zoo

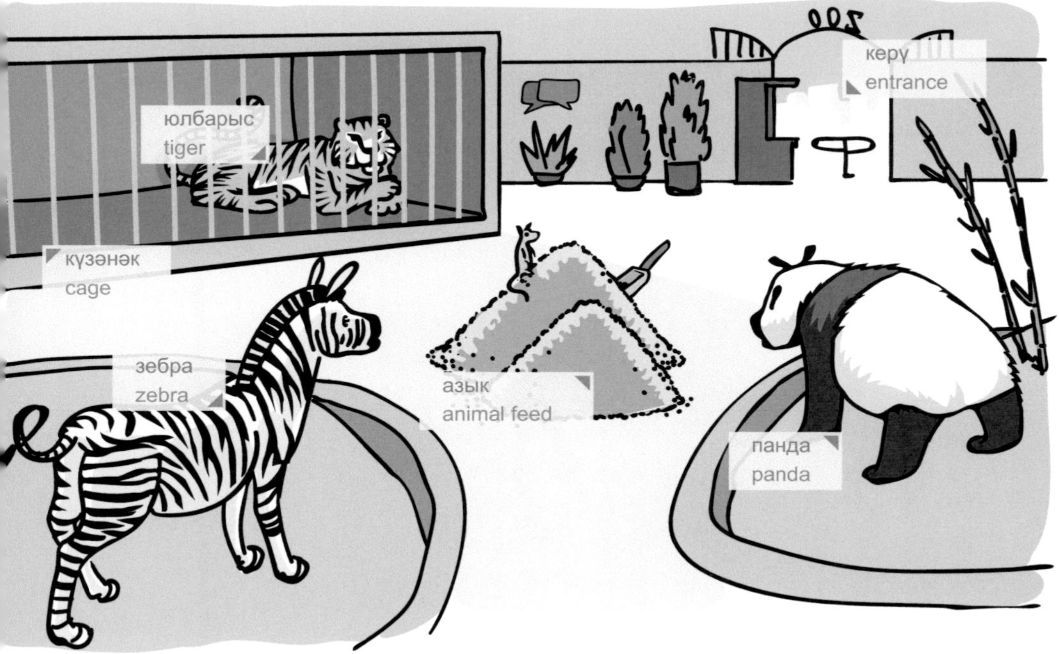

zoo
керү
entrance
юлбарыс
tiger
күзәнәк
cage
зебра
zebra
азык
animal feed
панда
panda

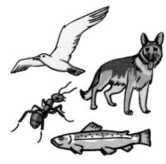

хайваннар

animals

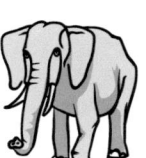

фил

elephant

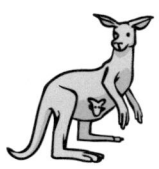

көнгерә

kangaroo

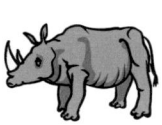

мөгезборын

rhino

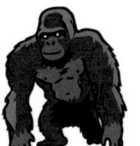

горилла

gorilla

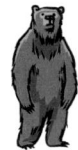

аю

bear

дөя

camel

тәвә кошы

ostrich

арыслан

lion

маймыл

monkey

фламинго

flamingo

тутый кош

parrot

ак аю

polar bear

пингвин

penguin

акула

shark

тавис

peacock

елан

snake

крокодил

crocodile

зоопарк хезмәткәре

zookeeper

тюлень

seal

ягуар

jaguar

пони

pony

каплан

leopard

су үгезе

hippo

жираф

giraffe

бөркет

eagle

кабан дуңгызы

boar

балык

fish

ташбака

turtle

морж

walrus

төлке

fox

газәл

gazelle

америка футболы
American football

велосипедта йөрү
cycling

теннис
tennis

баскетбол
basketball

йөзү
swimming

бокс
boxing

хоккей
ice hockey

футбол

soccer

бадминтон

badminton

җиңел атлетика

athletics

гандбол

handball

чаңгы спорты

skiing

поло

polo

сикерү
jump

көлү
laugh

кочаклау
hug

бару
walk

җырлау
sing

хыяллану
dream

гыйбадәт кылу
pray

үбү
kiss

язу
write

рәсем ясау
draw

күрсәтү
show

басу
push

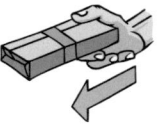

бирү
give

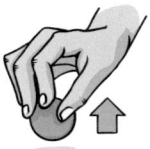

алу
take

үзеңдә булдыру

have

эшләү

do

булу

be

басып тору

stand

йөгерү

run

тарту

pull

ташлау

throw

егылу

fall

яту

lie

көтү

wait

йөртү

carry

утыру

sit

кию

get dressed

йоклау

sleep

уяну

wake up

хәрәкәт - activities

карау

look at

елау

cry

үтекләү

stroke

тарау

comb

әйтү

talk

аңлау

understand

сорау

ask

тыңлау

listen

эчү

drink

ашау

eat

тәртипкә китерү

tidy up

сөю

love

әзерләү

cook

машинада бару

drive

очу

fly

хәрәкәт - activities

Җилкәндә йөрү

sail

исәпләү

calculate

уку

read

уку

learn

эш

work

никахлашу

marry

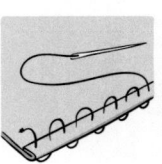

тегү

sew

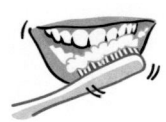

тешләрне чистарту

brush teeth

үтерү

kill

тәмәке тарту

smoke

җибәрү

send

хәрәкәт - activities

гаилә

family

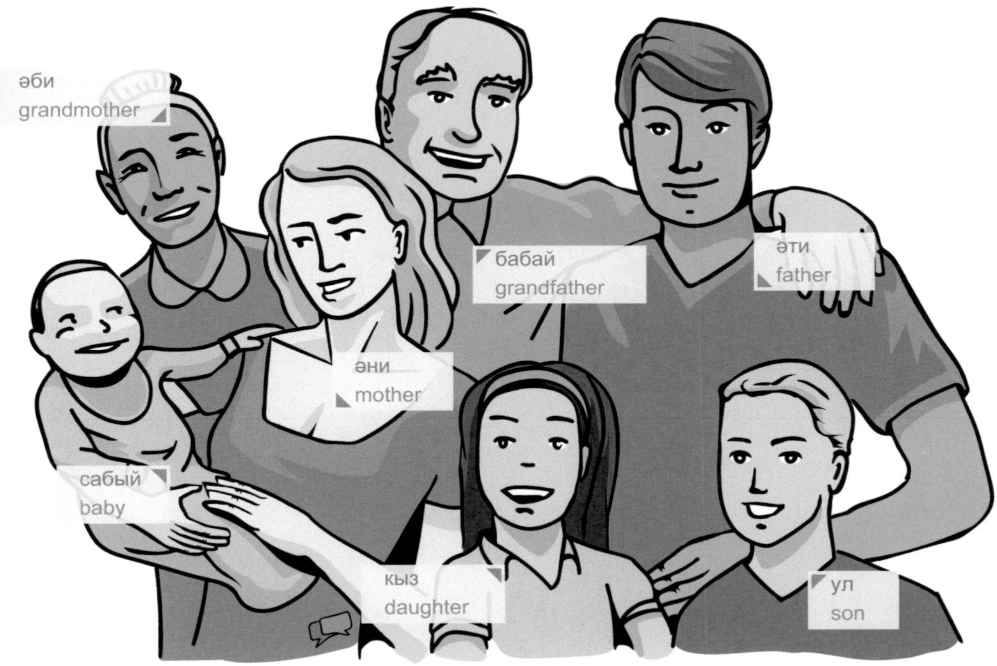

әби
grandmother
бабай
grandfather
әти
father
әни
mother
сабый
baby
кыз
daughter
ул
son

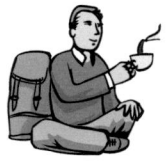

кунак

guest

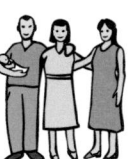

түти

aunt

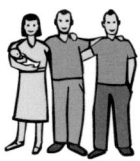

абый

uncle

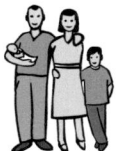

кардәш

brother

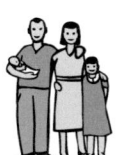

апа

sister

тән

body

маңгай
forehead
күз
eye
кулбаш
shoulder
бармак
finger
бит
face
ияк
chin
кул чугы
hand
аяк
leg
күкрәк
breast
кул
arm

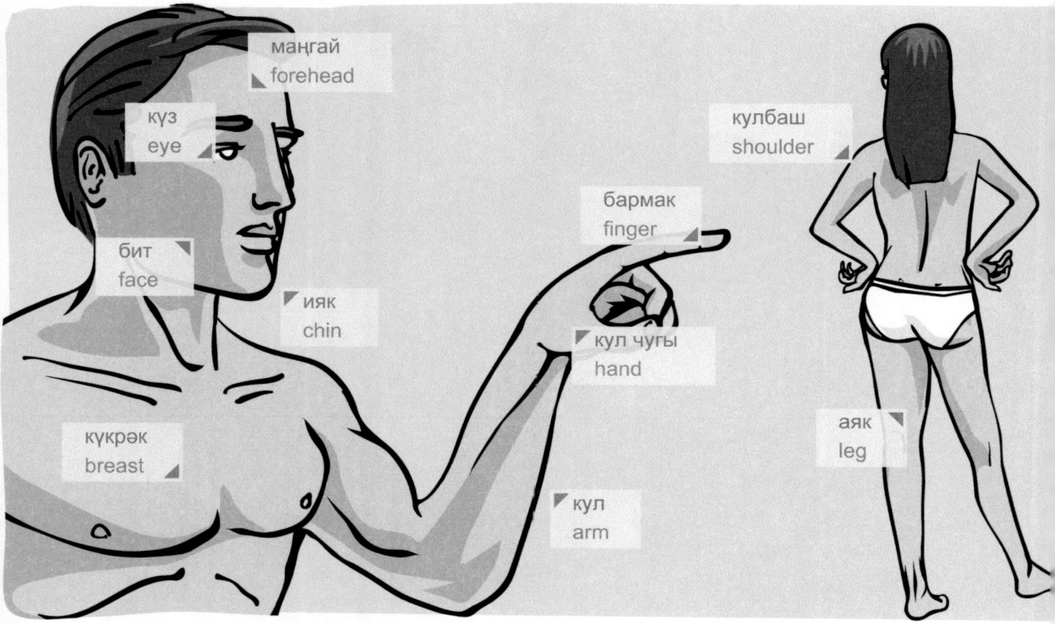

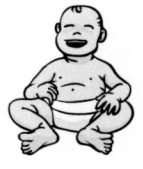

сабый

baby

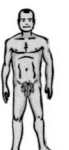

ир

man

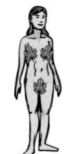

хатын

woman

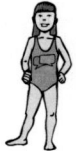

кыз

girl

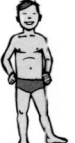

малай

boy

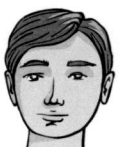

баш

head

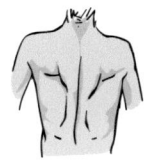

арка

back

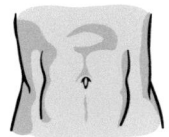

эч

belly

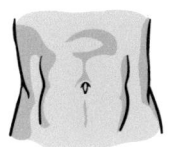

кендек

navel

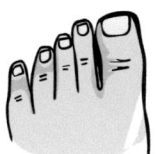

аяк бармагы

toe

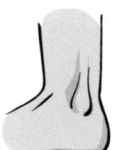

үкчә

heel

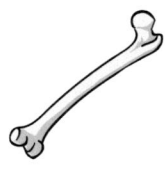

сөяк

bone

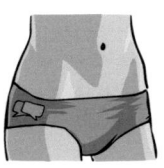

бот

hip

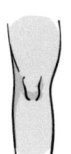

тез

knee

терсәк

elbow

борын

nose

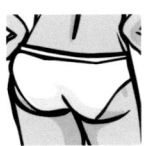

арт сан

buttocks

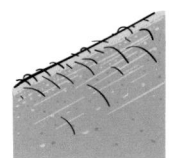

тире

skin

яңак

cheek

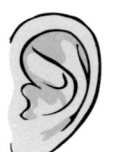

колак

ear

ирен

lip

тән - body

авыз

mouth

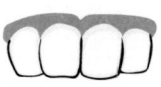

теш

tooth

тел

tongue

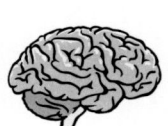

ми

brain

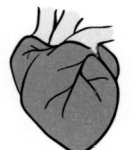

йөрәк

heart

мускул

muscle

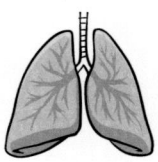

үпкәләр

lung

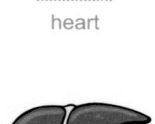

бавыр

liver

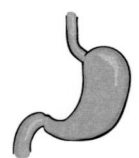

ашказан

stomach

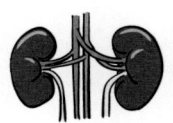

бөерләр

kidneys

җенси акт

sex

презерватив

condom

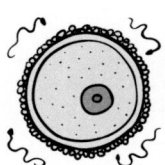

күкәйлек

ovum

сперма

semen

көмәнлек

pregnancy

тән - body

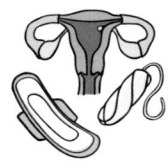

күрем

menstruation

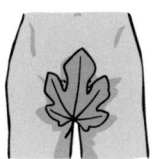

вагина

vagina

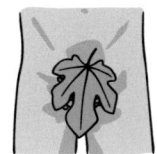

пенис

penis

каш

eyebrow

чәчләр

hair

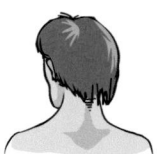

муен

neck

тән - body

хастаханә

hospital

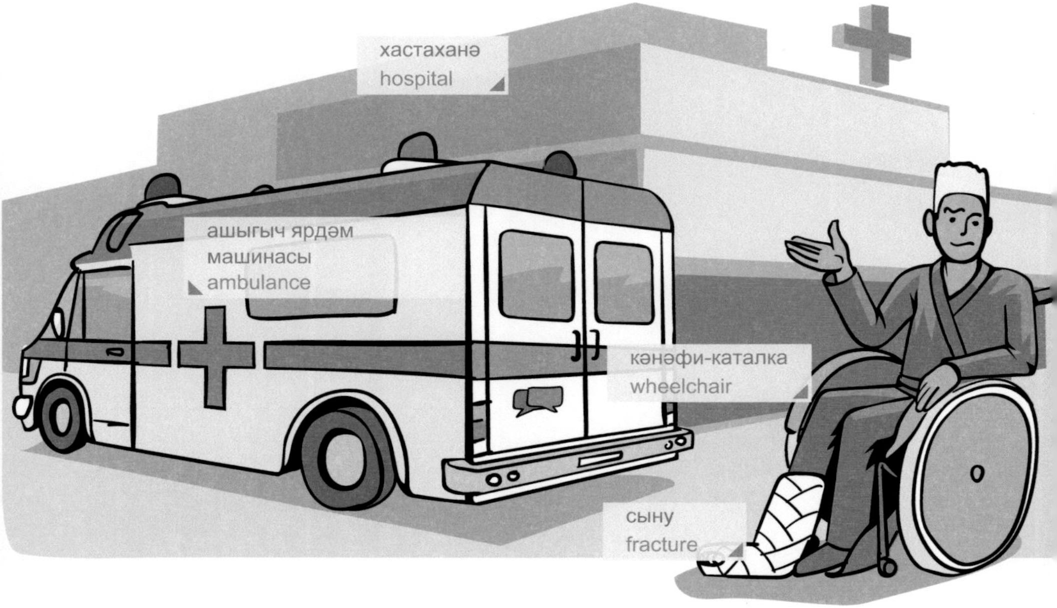

хастаханә
hospital
ашыгыч ярдәм машинасы
ambulance
кәнәфи-каталка
wheelchair
сыну
fracture

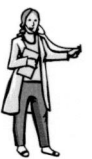

табиб

doctor

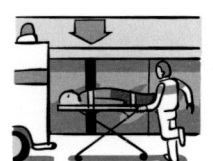

беренче ярдәм пункты

emergency room

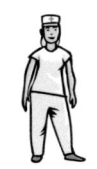

шәфкать туташы

nurse

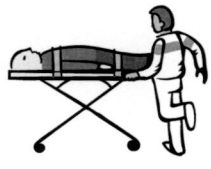

кичектергесез хәл

emergency

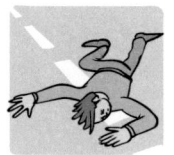

аңсыз

unconscious

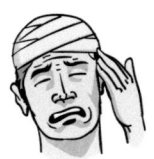

авырту

pain

зыян килү

injury

кан агу

bleeding

инфаркт

heart attack

инсульт

stroke

аллергия

allergy

ютәл

cough

югары температура

fever

грипп

flu

эч китү

diarrhea

баш авырту

headache

кысла

cancer

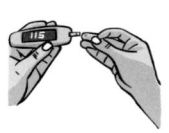

диабет

diabetes

хирург

surgeon

скальпель

scalpel

операция

operation

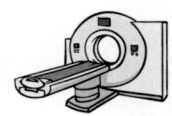

КТ

CT

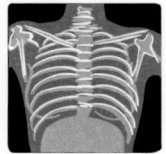

рентген

x-ray

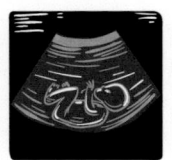

ультратавыш

ultrasound

битлек

face mask

авыру

disease

кабул итү бүлмәсе

waiting room

култык таягы

crutch

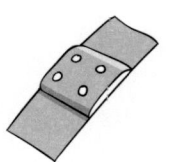

пластырь

plaster

бинт

bandage

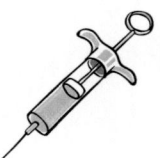

укол кадау

injection

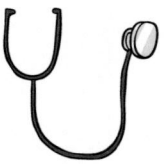

стетоскоп

stethoscope

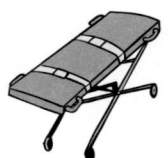

носилки

stretcher

термометр

clinical thermometer

туу

birth

артык авырлык

overweight

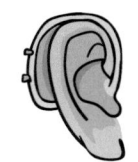

колак аппараты

hearing aid

йогышсызландыру чарасы

disinfectant

инфекция

infection

вирус

virus

ВИЧ / СПИД

HIV / AIDS

дару

medicine

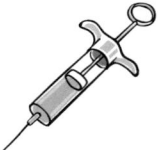

прививка

vaccination

таблеткалар

tablets

балага узмас өчен таблетка

pill

ашыгыч чакыру

emergency call

кан басымын үлчәү өчен прибор

blood pressure monitor

авыру / сәламәт

ill / healthy

хастаханә - hospital

тревога сигналы

alarm

һөҗүм итү

assault

Ярдәм итегез!

Help!

һөҗүм

attack

куркыныч

danger

запас чыгу урыны

emergency exit

Янгын!

Fire!

ут сүндергеч

fire extinguisher

каза

accident

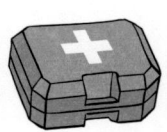

дарухана

first-aid kit

SOS

SOS

полиция

police

Европа

Europe

Төньяк Америка

North America

Көньяк Америка

South America

Африка

Africa

Азия

Asia

Австралия

Australia

Атлантик океан

Atlantic

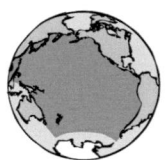

Тын океан

Pacific

һинд океаны

Indian Ocean

Антарктик океан

Antarctic Ocean

Төньяк Боз океаны

Arctic Ocean

Төньяк полюс

North pole

Көньяк полюс

South pole

Антарктика

Antarctica

җир

earth

коры җир

land

диңгез

sea

утрау

island

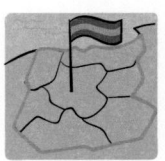

милләт

nation

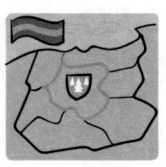

дәүләт

state

сәгать циферблаты

clock face

сәгать угы

hour hand

минут угы

minute hand

секунд угы

second hand

Әле сәгать ничә?

What time is it?

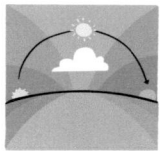

көн

day

вакыт

time

хәзер

now

электрон сәгать

digital watch

минут

minute

сәгать

hour

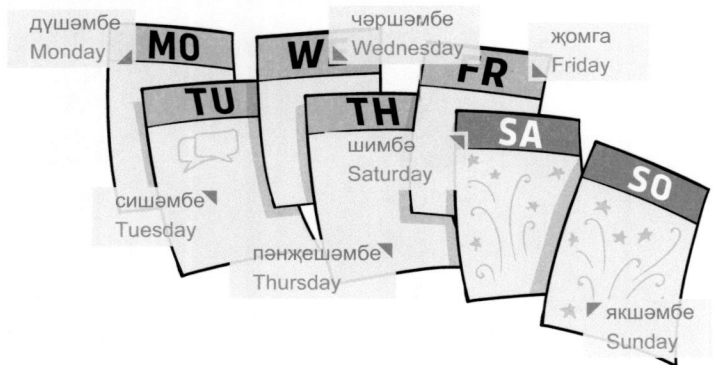

дүшәмбе
Monday

чәршәмбе
Wednesday

җомга
Friday

сишәмбе
Tuesday

шимбә
Saturday

пәнҗешәмбе
Thursday

якшәмбе
Sunday

кичә

yesterday

бүген

today

иртәгә

tomorrow

иртә

morning

төш

noon

кич

evening

MO	TU	WE	TH	FR	SA	SU
1	2	3	4	5	6	7
8	9	10	11	12	13	14
15	16	17	18	19	20	21
22	23	24	25	26	27	28
29	30	31	1	2	3	4

эш көннәре

workdays

MO	TU	WE	TH	FR	SA	SU
1	2	3	4	5	6	7
8	9	10	11	12	13	14
15	16	17	18	19	20	21
22	23	24	25	26	27	28
29	30	31	1	2	3	4

ял көннәре

weekend

яңгыр
rain

салават күпере
rainbow

җил
wind

кар
snow

яз
spring

җәй
summer

көз
fall

кыш
winter

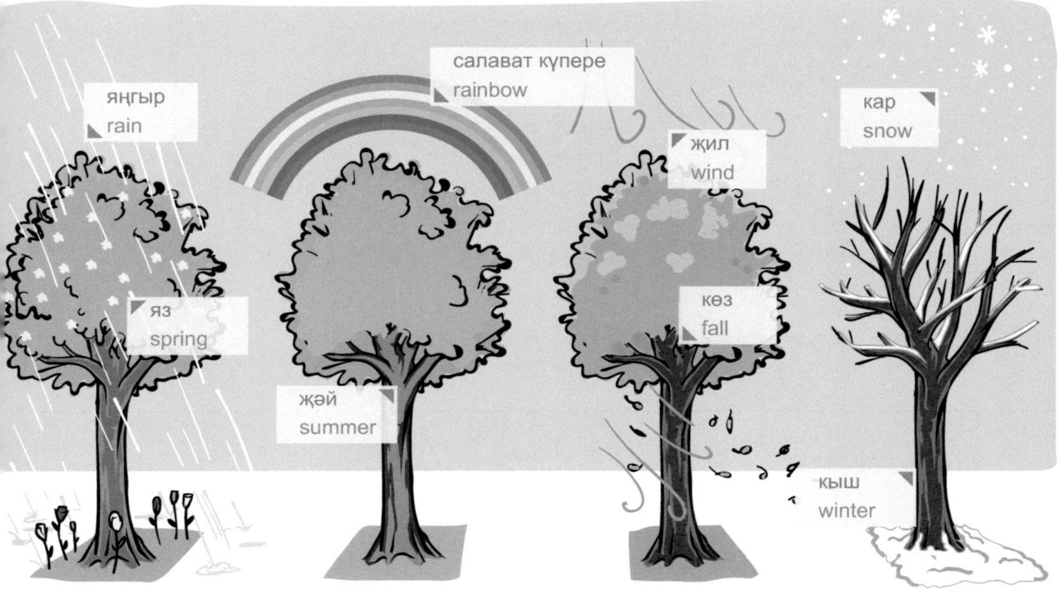

һава торышы
....
weather forecast

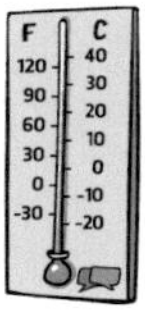

термометр
....
thermometer

кояш яктысы
....
sunshine

болыт
....
cloud

томан
....
fog

дымлылык
....
humidity

яшен

lightning

күк күкрәү

thunder

давыл

storm

боз

hail

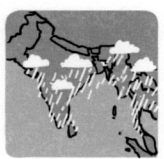

муссон

monsoon

су басу

flood

боз

ice

гыйнвар

January

февраль

February

март

March

апрель

April

май

May

июнь

June

июль

July

август

August

сентябрь

September

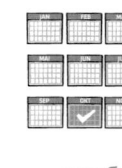

октябрь

October

ноябрь

November

декабрь

December

формалар
shapes

божра

circle

квадрат

square

турыпочмак

rectangle

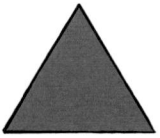

өчпочмак

triangle

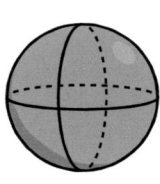

шар

sphere

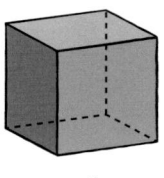

куб

cube

ак

white

сары

yellow

кызгылт сары

orange

ал

pink

кызыл

red

шәмәхә

purple

зәңгәр

blue

яшел

green

көрән

brown

соры

gray

кара

black

күп / аз

a lot / a little

усал / тыныч

angry / calm

матур / ямьсез

beautiful / ugly

башы / ахыры

beginning / end

зур / кечкенә

big / small

якты / караңгы

bright / dark

абый / эне

brother / sister

чиста / пычрак

clean / dirty

тулы / тулы түгел

complete / incomplete

көн / төн

day / night

үле / тере

dead / alive

киң / тар

wide / narrow

ашарга яраклы / ашарга
яраксыз

edible / inedible

явыз / яхшы

evil / kind

дулкынланган / сагынган

excited / bored

юан / ябык

fat / thin

башта / азакта

first / last

дус / дошман

friend / enemy

тулы / буш

full / empty

каты / йомшак

hard / soft

авыр / җиңел

heavy / light

ачлык / сусау

hunger / thirst

авыру / сәламәт

ill / healthy

хокуксыз / хокуклы

illegal / legal

акыллы / акылсыз

intelligent / stupid

сулдан / уңнан

left / right

якын / ерак

near / far

яңа / тотылган

new / used

бер нәрсә дә / нәрсәдер

nothing / something

өлкән / яшь

old / young

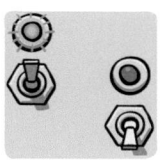

тоташтырылган / сүндерелгән

on / off

ачык / ябык

open / closed

әкрен / кычкырып

quiet / loud

бай / ярлы

rich / poor

дөрес / дөрес түгел

right / wrong

кытыршы / шома

rough / smooth

моңсу / бәхетле

sad / happy

кыска / озын

short / long

җай / тиз

slow / fast

дымлы / коры

wet / dry

җылы / салкын

warm / cool

сугыш / тынычлык

war / peace

капма-каршылыклар - opposites

0

ноль

zero

1

бер

one

2

ике

two

3

өч

three

4

дүрт

four

5

биш

five

6

алты

six

7

җиде

seven

8

сигез

eight

9

тугыз

nine

10

ун

ten

11

унбер

eleven

12

унике

twelve

13

унөч

thirteen

14

ундүрт

fourteen

15

унбиш

fifteen

16

уналты

sixteen

17

унҗиде

seventeen

18

унсигез

eighteen

19

унтугыз

nineteen

20

егерме

twenty

100

йөз

hundred

1.000

меӊ

thousand

1.000.000

миллион

million

инглизчə

English

американча инглиз

American English

мандаринча Кытай

Chinese Mandarin

hинди

Hindi

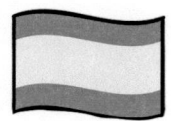

испан

Spanish

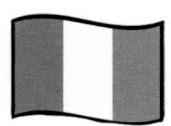

француз

French

гарəп

Arabic

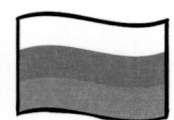

рус

Russian

португал

Portuguese

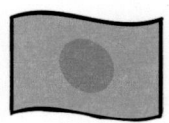

бенгал

Bengali

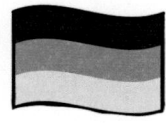

алман

German

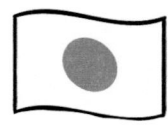

япон

Japanese

мин

I

син

you

ул / ул / ул

he / she / it

без

we

сез

you

алар

they

кем?

who?

нәрсә?

what?

ничек?

how?

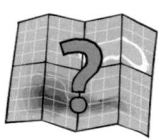

кайда?

where?

кайчан?

when?

исем

name

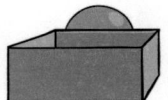

артта

behind

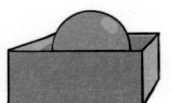

эчендә

in

алда

in front of

өстендә

over

өстенә

on

астында

under

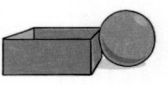

янәшә

beside

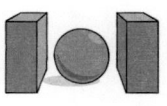

арасында

between

урын

place